STAR WARS

Mein galaktischer Rätselspaß

Die tapferen Rebellen leisten Widerstand.

Bringe die Bildausschnitte in die richtige Reihenfolge.
Schreibe dazu die Buchstaben in die Kästchen.

1 = ☐   2 = ☐   3 = ☐   4 = ☐

Finn ist auf dem Wüstenplaneten Jakku abgestürzt. Rey will zu ihm fliegen.
Zeige ihr den Weg durch das Labyrinth.

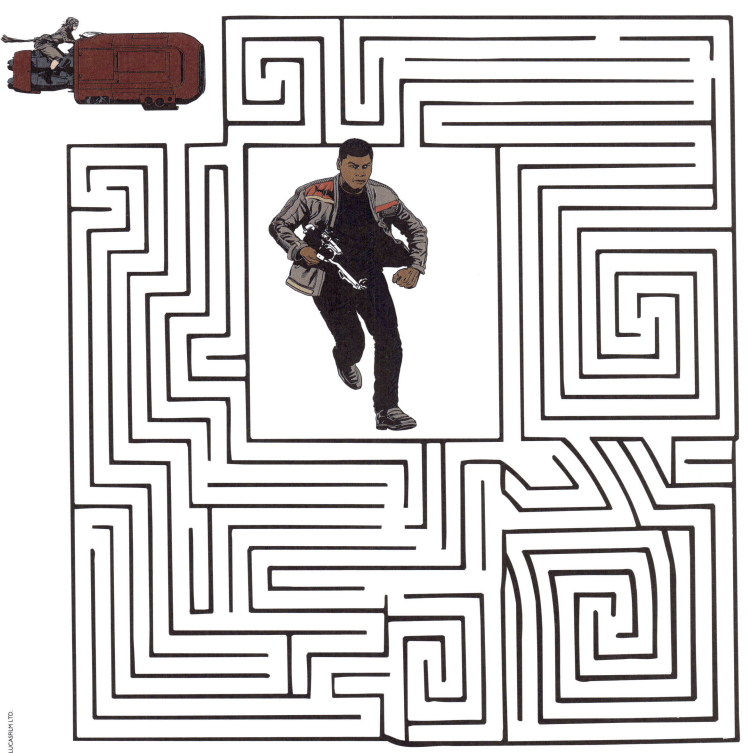

Das Imperium existiert unter dem Namen „Erste Ordnung" weiter.

Findest du die 5 Fehler im unteren Bild? Kreise sie ein.

Findest du die Namen dieser 3 Personen?

Ihre Namen sind senkrecht und waagerecht im Buchstabengitter versteckt.

Kylo Ren

Poe Dameron

Chewbacca

R	T	E	M	P	L	E	A	E	S	R	P
Y	I	W	A	D	A	Z	L	A	O	E	O
O	C	G	H	S	N	C	R	C	L	B	E
D	H	J	E	E	T	K	D	A	D	E	D
A	E	A	E	R	R	E	A	W	A	L	A
U	W	R	L	D	O	A	R	I	T	L	M
R	B	O	S	K	Y	L	O	R	E	N	E
O	A	I	Y	E	X	H	H	D	N	N	R
C	C	E	R	L	T	S	U	Ö	P	E	O
O	C	E	I	M	P	E	R	I	V	M	N
O	A	J	E	D	I	H	D	D	D	H	S
U	I	R	L	D	A	A	R	I	T	L	E

Wer gehört nicht zum Widerstand?
Schau genau hin.

Kylo Ren geht in Kampfposition.
Welches Kästchen gehört in das Bild?

A  **B**  **C** **D**

Captain Phasma kämpft für die dunkle Seite der Macht.
Ein Bild der Sturmtruppen-Offizierin sieht anders aus. Welches ist es?

C-3PO spricht alle möglichen Sprachen.
Aber kann er auch Sudoku-Rätsel lösen?

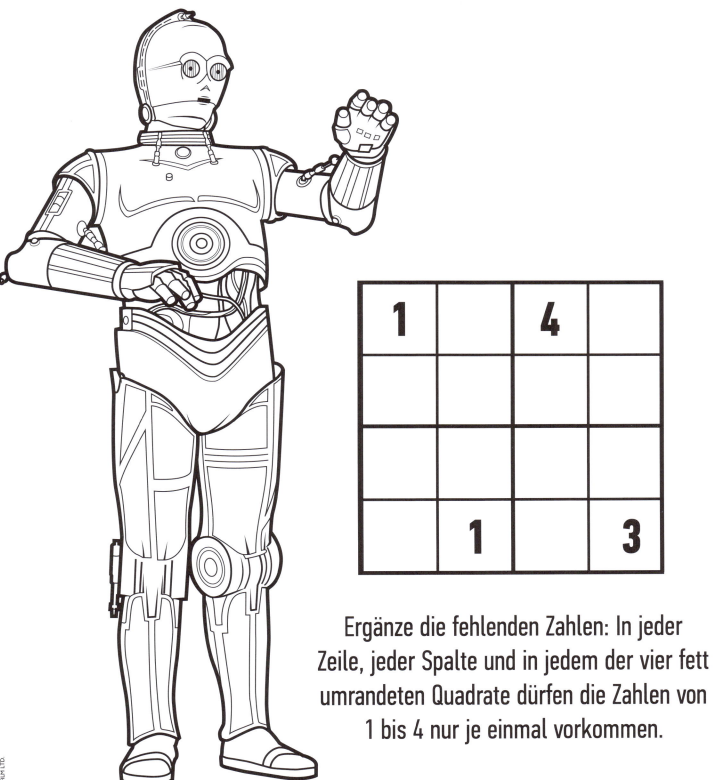

Ergänze die fehlenden Zahlen: In jeder Zeile, jeder Spalte und in jedem der vier fett umrandeten Quadrate dürfen die Zahlen von 1 bis 4 nur je einmal vorkommen.

Finn dient zuerst der „Ersten Ordnung".

Als er merkt, wie böse die Organisation ist, flieht er zusammen mit Rebellenpilot Poe.

Übertrage das Bild von Finn
Kästchen für Kästchen in das Raster auf dieser Seite.

CHEWBACCA

1. Chewbacca gehört zur Spezies der ...

A Wookiees

B Ewoks

C Gungans

2. Chewie ist der treue Freund und Kopilot von ...

A Captain Phasma

B Rey

C Han Solo

Kylo Ren hat Captain Phasma und andere Soldaten der „Ersten Ordnung" um sich geschart.

Bringe die Bildausschnitte in die richtige Reihenfolge.
Schreibe dazu die Buchstaben in die Kästchen.

1 = ☐   2 = ☐   3 = ☐   4 = ☐

Finn hat sich auf die Seite der Rebellen geschlagen.
Ein Bild von ihm sieht anders aus, findest du es?

Jetzt muss es schnell gehen: Rebellenpilot Poe ist auf dem Weg zu seinem X-Flügler.
Leitest du ihn ans Ziel?

Das ist Rey.
Sie ist Schrottsammlerin auf dem Wüstenplaneten Jakku.

Übertrage das Bild von Rey
Kästchen für Kästchen in das Raster auf dieser Seite.

Diese 5 Personen und Droiden stehen auf der hellen Seite der Macht.

Ihre Namen sind senkrecht und waagerecht im Buchstabengitter versteckt.

C-3PO
Poe Dameron
Chewbacca
R2-D2
BB-8

A	T	E	M	P	C	E	A	E	P
Y	X	3	A	D	H	Z	L	A	O
O	N	N	V	I	E	C	R	C	E
X	Q	J	K	E	W	K	D	A	D
2	U	A	E	B	B	8	A	W	A
D	I	R	L	D	A	A	R	I	M
W	S	O	S	E	C	3	P	O	E
O	I	I	Y	E	C	H	E	D	R
U	T	V	J	M	A	A	S	N	O
R	2	D	2	D	I	H	D	D	N

Willst du sehen, worauf Rey hier sitzt?
Verbinde die Punkte und male das Bild bunt aus.

Welches Raumschiff gehört zu wem?
Ordne zu.

Was führt dieser Schneetrupp wohl im Schilde?
Finde die 6 Fehler im unteren Bild.

Der finstere Kylo Ren trägt eine Gesichtsmaske, die an Darth Vader erinnert.

Auch Vaders altes Laserschwert würde er nur zu gerne besitzen.

Übertrage das Bild von Kylo Ren
Kästchen für Kästchen in das Raster auf dieser Seite.

Sturmtruppler im Anmarsch!
Bringe die Bildausschnitte in die richtige Reihenfolge.
Schreibe dazu die Buchstaben in die Kästchen.

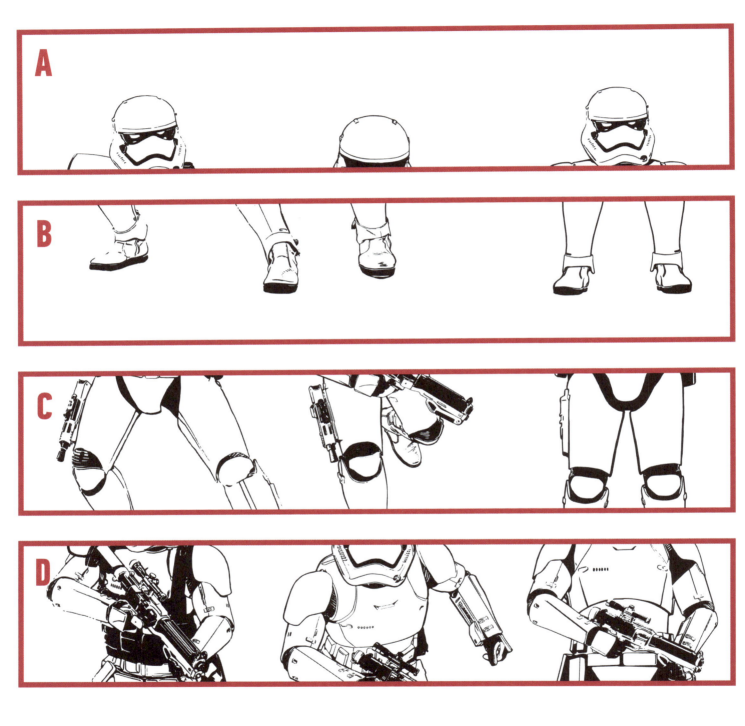

Dieser Flammentruppler kann das Sudoku-Rätsel bestimmt nicht lösen.

Schaffst du es?

Ergänze die fehlenden Zahlen: In jeder Zeile, jeder Spalte und in jedem der vier fett umrandeten Quadrate dürfen die Zahlen von 1 bis 4 nur je einmal vorkommen.

REY

1. Auf welchem Planeten lebt Rey?

A Naboo

B Jakku

C Dagobah

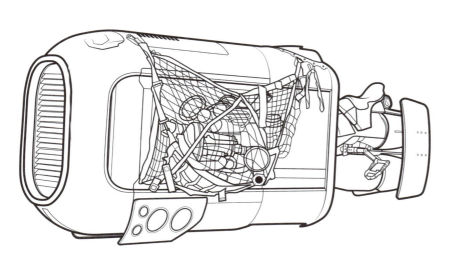

2. Rey sammelt alten Raumschiff-Schrott und fliegt einen …

A X-Flügler

B *Millennium Falke*

C Düsenschlitten

Ein Bild von BB-8 sieht anders aus.
Findest du es?

Früher oder später müssen die Helden gegen Kylo Ren kämpfen.

Zeige ihnen den Weg durch das Labyrinth.

Diese Sturmtruppler stehen alle im Dienst der „Ersten Ordnung".

Zu welchen Einheiten gehören sie jeweils?
Ziehe Linien zu den richtigen Begriffen.

Flammentruppen

Schneetruppen

Sturmtruppen

Poe Dameron kämpft auf der Seite des Widerstands gegen die „Erste Ordnung".

Der Pilot macht sich für einen Einsatz mit seinem X-Flügler bereit.

Übertrage das Bild von Poe
Kästchen für Kästchen in das Raster auf dieser Seite.

Nur einer dieser Schatten passt zu Kylo Ren.
Welcher ist es?

Rey flitzt auf ihrem Düsenschlitten durch die Wüste.

Welches Kästchen gehört in das Bild?

A   **B**  **C**   **D**

BB-8 hat diese Wörter im Buchstabengitter versteckt. Findest du sie?

Sie können waagerecht, senkrecht und diagonal stehen.

ERSTE ORDNUNG **DROIDE**

STURMTRUPPE **JAKKU**

REBELLEN

```
S T E M P L E A E S R E
Y T W A D A Z L A O E R
O N U H S N C R C L B S
D Q J R E T K D A D E T
A U A E M R E A W A L E
U I K L D T A R I T L O
R S K S K D R O I D E R
O I U Y E X H U D N N D
S T O R M T R O P P E N
O O E I M P E R I P M U
O R W O R J T I R D E N
U I R L D A A R I T L G
```

Verbinde die Punkte, um zu sehen, was hier im Auftrag der „Ersten Ordnung" unterwegs ist.

Rey hat kein Problem mit diesem Sudoku-Rätsel.
Und du?

Ergänze die fehlenden Zahlen: In jeder Zeile, jeder Spalte und in jedem der vier fett umrandeten Quadrate dürfen die Zahlen von 1 bis 4 nur je einmal vorkommen.

Wie oft zählst du R2-D2 auf dem Bild und wie oft BB-8?
Wie viele Droiden sind es insgesamt?

FINN

1. Welchen der Rebellen lernt Finn als Erstes kennen?

A Chewbacca

B Leia

C Poe

2. Auf der Flucht vor der „Ersten Ordnung" stürzt Finn auf einem Wüstenplaneten ab. Auf wen trifft er dort?

A Obi-Wan Kenobi

B Rey

C Luke Skywalker

Natürlich kämpft der *Millenium Falke* wieder auf der Seite des Widerstands.
Welches Kästchen gehört in das Bild?

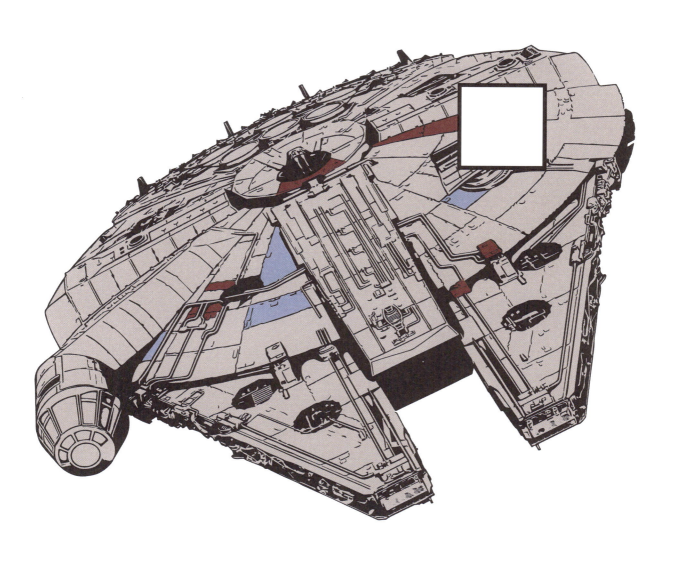

A  **B**  **C**  **D**

Das ist der Astromechdroide BB-8.
Findest du nicht auch, dass er R2-D2 ähnlich sieht?

Übertrage das Bild von BB-8
Kästchen für Kästchen in das Raster auf dieser Seite.

Nur einer dieser Schatten passt zu Rey.
Welcher ist es?

C-3PO, R2-D2 und Chewbacca sind alte Freunde.
Führe die beiden Droiden durch das Labyrinth zu dem Wookiee.

Wie viele TIE-Jäger und wie viele X-Flügler zählst du auf dem Bild?
Wie viele Raumschiffe sind es insgesamt?

Die Buchstaben sind durcheinandergeraten.
Bringe sie in die richtige Reihenfolge.

ACCEWBACH _____

ERY _____

EOP _____

NFNI _____

B8-B _____

Schrottsammler Teedo sucht sein Luggabeast.
Findet er den Weg durch das Labyrinth?

KYLO REN

1. Kylo Rens großes Vorbild ist …

   A Darth Vader

   B Darth Sidious

   C Yoda

2. Kylo Ren ist auf der Suche nach einem ganz speziellen …

   A Raumschiff

   B Planeten

   C Laserschwert

Lösungen

S. 2: 1=D, 2=C, 3=A, 4=B

S. 3:

S. 4:

S. 5:

S. 6: F

S. 7: C

S. 8: C

S. 9:

1	3	4	2
2	4	3	1
3	2	1	4
4	1	2	3

S. 12: 1. A, 2. C

S. 13: 1=C, 2=D, 3=A, 4=B

S. 14: B

S. 15:
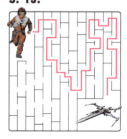

S. 18:

S. 19:

S. 20: 1 - C, 2 - B, 3 - A

S. 21:

S. 24: 1=A, 2=D, 3=C, 4=B

S. 25:

1	3	2	4
2	4	1	3
4	1	3	2
3	2	4	1

S. 26: 1. B, 2. C

S. 27: B

S. 28:

S. 29: Flammentruppen, Schneetruppen, Sturmtruppen

S. 32: C

S. 33: B

S. 34:

S. 35:
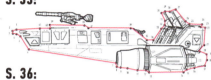

S. 36:

4	2	3	1
3	1	2	4
1	3	4	2
2	4	1	3

S. 37: 11 Droiden

S. 38: 1. C, 2. B

S. 39: C

S. 42: B

S. 43:

S. 44: 8

S. 45: CHEWBACCA, REY, POE, FINN, BB-8

S. 46:

S. 47: 1. A, 2. C